Andreas Felger

Emmaus
Ein Zyklus von vier Holzschnitten

Auf dem Weg nach Emmaus

Herr, bleibe bei uns

Brot brechen

Sendung

© Präsenz-Verlag, Gnadenthal
D-6257 Hünfelden

Emmaus
Ein Weg

Heinrich Spaemann
Andreas Felger

Präsenz

Inhalt

Geleitwort von Landesbischof
D. Theo Sorg

Den Auferstandenen vor Augen

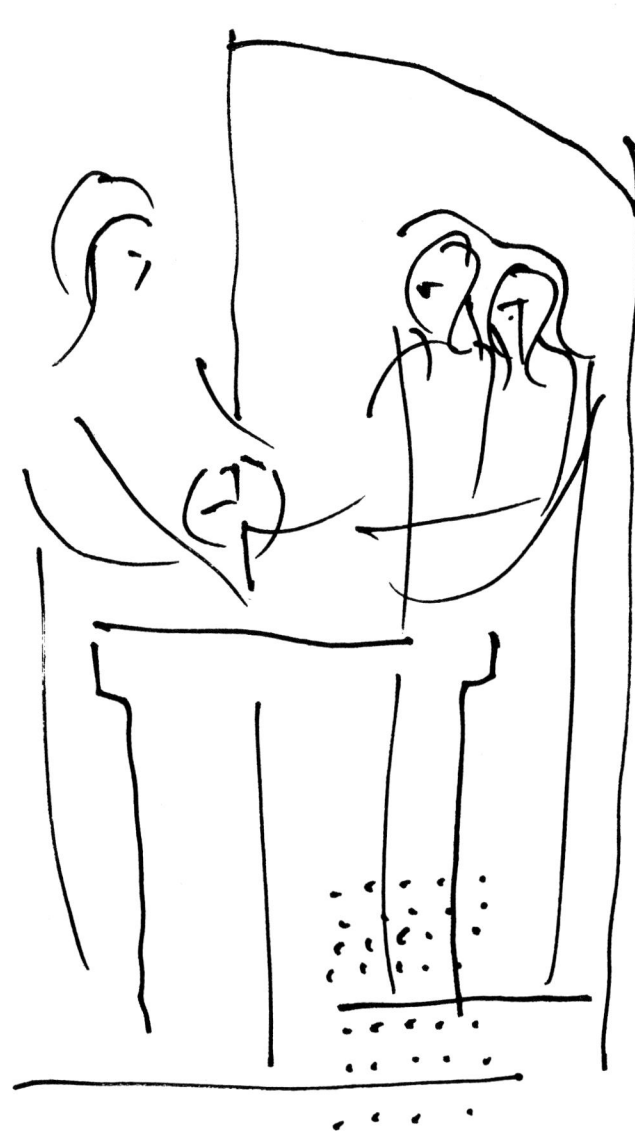

Tag für Tag habe ich es vor Augen, das Bild des auferstandenen Christus, wie er das Brot bricht und sich seinen Jüngern in dieser Gabe selber schenkt. Wenn ich in meinem Arbeitszimmer am Schreibtisch sitze und von der Arbeit aufschaue, fällt mein Blick auf Andreas Felgers Holzschnitt aus dem Emmaus-Zyklus. Zuversicht vermittelt dieses Bild, es öffnet die Tür zu neuen Schritten des Glaubens und des Dienstes, es stärkt für den weiteren Weg.

Als vor einigen Jahren das neue Amtszimmer des württembergischen Landesbischofs einzurichten war, stand ich vor der Frage, welchen Bildschmuck ich für diesen Raum wählen sollte. Viele Menschen gehen durch dieses Zimmer, hohe und niedere, fröhliche und bedrückte, Menschen, die im Glauben leben, und andere, die davon nichts halten. Was konnte der Wandschmuck sein, der allen diesen verschiedenen Menschen etwas sagt, der unverwechselbar zum Ausdruck bringt, was die Mitte unseres christlichen Glaubens ist und der gleichzeitig diesen Glauben einladend darstellt? So ziert nun die eine Wand des Zimmers ein bronzener Kruzifixus, die andere Andreas Felgers Bild des Auferstandenen, wie er seinen enttäuschten und verzagten Jüngern das Brot reicht, das ihnen Leben vermittelt, ewiges Leben. Zwischen diesen beiden Darstellungen des Gekreuzigten und Auferstandenen werden nun Gespräche geführt, wird geplant, gedacht und gebetet. Zwischen diesen beiden Darstellungen werden Lebensschicksale besprochen und Berufswege entschieden. Der auferstandene Gekreuzigte ist immer dabei, er, der das Brot bricht und der neues Leben stiftet.

Emmaus - das Ende eines Weges und zugleich der Anfang eines neuen. In sparsamster Farbgebung, gerade dadurch aber tief eindrücklich, deutet Andreas Felger das Geschehen, das Lukas in seinem Evangelium beschreibt. Aus dem Dunkel verzweifelter Hoffnungslosigkeit treten Menschen in das helle Licht der Hoffnung. Ein Goldkranz deutet an, daß Jesus uns hier als der Christus begegnet, als Gottes Gesalbter und Gesandter, von Gott gekommen und doch ganz für die Menschen da. In seinen Händen gewinnt das irdische Brot, das er bricht, die Leuchtkraft des Ewigen. Und mitten durch das Brot geht das Kreuz, Zeichen des Opfers und der Hingabe: „Für dich gegeben!" Es geht Kraft aus von diesem Bild, Hoffnung und Zuversicht. Kraft, einen neuen Weg zu beginnen, Kraft, ein Leben zu gestalten. Ohne Frage gehört es zu den besonderen Gaben Andreas Felgers, geheimnisvolle Vorgänge sprechend darzustellen, ohne daß ihr tiefes Geheimnis angetastet wird. Der Emmaus-Zyklus ist dafür ein beredtes Beispiel. Er ist ein Stück Auslegung biblischer Geschichte, bildhafte Verkündigung im besten Sinn des Wortes. Wir können nur staunen und danken, daß Gott Menschen mit solchen Gaben ausgestattet hat, und wir dürfen schauen, und im Schauen dem begegnen, der auch uns begegnen will mit dem Brot des Lebens: „Kommt, es ist alles bereit!"

Das Evangelium nach Lukas 24, 13 – 35 **Die Emmaus - Jünger**
Übersetzt von Heinrich Spaemann

Und siehe, zwei von ihnen gingen an demselben Tag in ein Dorf, das sechzig Stadien von Jerusalem entfernt liegt, Emmaus mit Namen. Sie sprachen miteinander über alles, was sich zugetragen hatte. Da geschah es: als sie so miteinander sprachen und sich austauschten, nahte sich ihnen Jesus und wanderte mit ihnen. Ihre Augen aber waren gehalten, daß sie ihn nicht erkannten. Er sprach zu ihnen: Was sind das für Reden, die ihr da im Wandern miteinander führt? Da blieben sie stehen, gesenkten Blicks. Und einer namens Kleophas erwiderte ihm: Bist du der einzige, der in Jerusalem wohnt und nicht weiß, was dort in diesen Tagen geschehen ist? Und er sprach zu ihnen: Was denn? Sie sagten ihm: Das mit Jesus, dem Nazarener. Er war ein Prophet, mächtig in Wort und Tat vor Gott und allem Volk; ihn haben die Hohenpriester und unsere Ratsherren zur Todesstrafe überliefert und gekreuzigt. Wir aber hofften, daß er es sei, der Israel erlösen wird. Doch nun ist über all dem schon der dritte Tag heraufgekommen, seitdem all dies geschehen ist. Aber – da haben uns einige Frauen aus unserem Kreis in Aufregung versetzt, die waren am frühen Morgen am Grab, fanden den Leichnam nicht, kamen und sagten, sie hätten eine Erscheinung von Engeln gesehen, die sagten: er lebt. Einige aber von denen, die mit uns zusammen sind, gingen zum Grab und fanden es so, wie die Frauen gesagt hatten. Ihn selbst aber sahen sie nicht.

Da sprach er zu ihnen: Oh, ihr Unverständigen, wie langsam kommt euer Herz zum Glauben an all das, was die Propheten gesagt haben! Mußte nicht der Messias das leiden, um in seine Herrlichkeit einzugehen? Und von Moses und allen Propheten angefangen, erklärte er ihnen, was in allen Schriften über ihn geschrieben steht. So kamen sie nahe an den Flecken, wohin sie gehen wollten, und er schickte sich an, als wolle er weiterwandern. Doch sie nötigten ihn und sagten: Bleibe bei uns, denn es will Abend werden, und der Tag hat sich geneigt. Da trat er ein, um bei ihnen zu bleiben. Und es geschah, während er mit ihnen zu Tisch lag, nahm er das Brot, sprach das Dankgebet, brach es und gab es ihnen. Da wurden ihre Augen aufgetan, und sie erkannten ihn. Er selbst aber verschwand vor ihnen. Und sie sagten untereinander: Brannte nicht unser Herz in uns, als er mit uns redete und uns die Schrift erschloß? Noch zu derselben Stunde standen sie auf und kehrten nach Jerusalem zurück. Dort fanden sie die Elf und die, welche mit ihnen waren, versammelt. Die sagten: Wahrhaft, der Herr ist auferstanden und dem Simon erschienen. Da erzählten auch sie, was auf dem Wege geschehen war und wie sie ihn am Brotbrechen erkannt hatten.

Lukas ist der Evangelist des „Weges". Vermutlich hat er selbst auf einem Weg die Wahrheit erfahren, das Leben gewonnen. So hat ihn die Inspiration dahin gedrängt, mit besonderer Liebe und Aufmerksamkeit den Wegen der Heilsgeschichte nachzugehen, von der Kindheitsgeschichte Jesu an bis zur Romreise des Völkerapostels. Die „des Weges Seienden" ist der erste Name, den er den Christen gibt *(Apg 9,2)*. Und sein ganzes Schriftwerk ist gegliedert durch zwei Wegrichtungen: bei ihm haben bis zur Kreuzigung Jesu alle heilsbedeutsamen Wege, von der Heimsuchungsgeschichte bis hin über den sogenannten „Reisebericht", Judäa und Jerusalem zum Ziel, während vom Tag der Auferstehung Christi an die Wege, auf denen das Heil gefunden wird, offenbar mit betont symbolischer Absicht von Jerusalem wegführen. Die Emmausjünger, der äthiopische Kämmerer und Saulus, deren Bekehrungsgeschichte als Typoi für Gottes Heilsweg mit den Menschen ausgestaltet sind, finden das Heil je auf einem Weg, der von Jerusalem aus nach irgendeinem anderen Ort führt, nach Emmaus, nach Äthiopien, nach Damaskus – in Richtung Völkerwelt. Das will sagen: Jerusalem ist die Zeitenmitte und Äonenwende. Alle Geschichte läuft auf den Tod Jesu zu, der dort vor den Toren geschieht. Seit seiner Auferweckung aber ist die Heilige Stadt mit ihrem Tempel nicht mehr verbindlicher Heilsort und verpflichtendes Wegziel. Das Heil geht von dort aus, aber es drängt jetzt hin zu den Heiden. Das irdische Jerusalem ist zum Vor-Ort des himmlischen Jerusalem geworden, dessen Leuchte das Lamm ist. Als dieser Vor-Ort wird es

noch einmal erwiesen werden am Ende der Zeiten *(Lk 21,24)*. Irdische Pilgerschaft kommt seit Golgotha in Christus, dem Auferstandenen, und durch ihn ans Ziel. Dieses Ziel wird neu, aber verborgen und im Vorübergang, schon hier erreicht, in unvorhergesehenen Begegnungen und in Gefährtenschaft mit je dem, den Gott uns als Bruder, als Schwester, zugesellt, sowie im Brotbrechen, als dem immer neuen Auftun der Augen für ihn im Alltag der Welt, der uns gebietet, einander zu lieben, wie er uns geliebt hat. So wird die Pilgerschaft zur Lebensform des Jüngers: Wer sich zu ihr bekennt als ein Sucher über den Status quo, das Jetzt und Bisher dieser Welt, hinaus, dessen Weg führt in Gebet und Erhörung hinein, er ist auf dem Weg zu Gott.

„Und siehe, zwei von ihnen gingen an demselben Tag in ein Dorf, das sechzig Stadien von Jerusalem entfernt liegt, Emmaus mit Namen."

Zwei Menschen verlassen am Ostertag die Stadt, die Jesus gekreuzigt hat. Bis dahin bildete sie die Mitte ihrer Erwartungen. Jetzt empfinden sie die dunkle Macht, die sich dort in der Hinrichtung Jesu zu äußerster Finsternis verdichtete. Greift diese Macht nicht auch drohend nach ihnen? Sie gehörten ja zu dem Nazarener, und sie gehören noch zu ihm. Sie verlassen Jerusalem auf der Suche nach dem Verlorenen. Dieser Weg jetzt ist das Suchen nach ihm. Es gab schon einmal einen ähnlichen Weg: Die Eltern suchen den verlorenen Zwölfjährigen, sie finden ihn in Jerusalem im Tempel. Die beiden Menschen, die ihn jetzt suchen, finden ihn unterwegs, auf einem Weg zur Stadt hinaus, und dieses Finden kommt zum Ziel beim Brotbrechen, in einem Ort namens Emmaus. Auf dem Weg dorthin geht er verborgen schon mit ihnen. Im Hebräerbrief steht das Wort: „Christus hat außerhalb der Stadttore gelitten. Laßt uns denn zu ihm hinausgehen und seine Schmach tragen. Denn wir haben hienieden keine bleibende Stadt, sondern suchen die zukünftige." *(Hebr 13,12ff)* Der Weg der Emmausjünger entsprach diesem Wort.

Den Beginn des Weges, auf dem der verlorene Christus wiedergefunden wird, auf dem das neue Gebet geschieht, der Auferstandene erkannt und die österliche Ebene erreicht wird, bildet das Verlassen der Stadt, die Jesus gekreuzigt hat, die fortfährt, es zu tun, das Verlassen der selbstsicheren und sich selbst sichernden, der selbstsüchtigen und sich selbst genügenden Welt, der wir selbst mit einem Teil unseres Wesens noch verhaftet sind. Ihr Bild in der Schrift sind all jene gottwidrigen Städte, die nicht Zelt auf dem Wege zu Gott sein wollen, sondern eben darum Bollwerk gegen ihn sind: Ihre Linie führt von der Stadt, die Kain erbaut hat, über Babel, Sodoma und Jericho bis zur babylonischen Hure der Apokalypse. Daß uns diese Welt der Sünde, die sich gegen Gott behaupten will, unheimlich, unbehausbar wird, daß wir ihr Tödliches und abgründig Bedrohendes spüren, daß es uns dränge, auszubrechen aus dem erstickenden Kordon von Gewohnheiten, Neigungen, Beziehungen und Erwartungen, durch die wir in sie vereinnahmt sind, daß wir aufbrechen aus dem Bisher eines Lebens, in dem man gelebt wird, nicht wirklich selber lebt, in irgendeine vielleicht noch unbestimmte Weite hinein, nur um endlich frei und lebendig zu werden, das ist der erste leise Anfang eines Weges, auf dem eines Tages wieder echtes Gebet geschehen kann.

Vorerst haben die Emmausleute noch kein Gebet. Es fällt überhaupt auf, daß seit der Kreuzigung Jesu, seit seinem Schrei „Mein Gott, warum hast du mich verlassen?" *(Mt 27,46)* kein einziges Gebet mehr vorkommt – bis zur Auferweckung Jesu, bis zu den Begegnungen mit dem Auferweckten, bis zur Wiedererweckung des Glaubens an ihn.

„Sie sprachen miteinander über
alles, was sich zugetragen hatte. Da
geschah es: als sie so miteinander
sprachen und sich austauschten,
nahte sich ihnen Jesus und wanderte
mit ihnen."

Sie hatten sich zusammengetan, sie gingen zu zweit, sie gehörten offenbar zu jenen Zweiundsiebzig, die Jesus zu zweit und zweit vor sich her gesandt hatte, „in jede Ortschaft, in die er selbst kommen wollte" *(Lk 10,1)*. Diese Weisung steuerte sie auch jetzt noch, diese Zugesellung blieb in Kraft. Zu zweit schickte Jesus die Seinen auf den Weg, weil die Gefährtenschaft, die Bruderschaft zum Wesen der Jüngerschaft gehört, weil in ihr das Jüngersein eingeübt wird: die Gottesliebe in der anfeuernden Gemeinsamkeit des Gebetes, die Nächstenliebe in der tragenden und zugleich ertragenden Sorge des einen für den andern und in der Ergänzung der Gaben im Dienst am Evangelium. In jeden Ort, wohin er selbst kommen wollte, dahin sandte er sie. Damals blieb das offene Frage: Wie sollte das je möglich werden? Konnte er denn an allen Orten anwesend werden? Erst Emmaus ist die beginnende Antwort. Wohin sein Geist uns brüderlich gehen heißt, dorthin kommt er selbst.

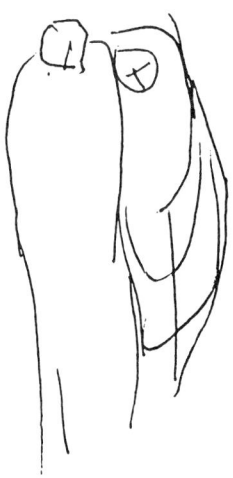

Sich zusammentun, sobald es einen in die Richtung zu Gott drängt, auf den Neubeginn hin, ins Freie – das entspricht dem Drängen seines Geistes.

Zweimal hintereinander sagt Lukas, daß die Jünger über das in der Kreuzigung Jesu Geschehene miteinander sprachen und daß währenddessen Jesus sich zu ihnen gesellte. Das ist keine stilistische Unbeholfenheit, sondern Akzent: Hinweis auf den inneren Zusammenhang dieses Gesprächs mit der nun sich schenkenden Gegenwart Jesu als der Erfüllung des Wortes: „Wo zwei oder drei versammelt sind in meinem Namen, da bin ich mitten unter ihnen." *(Mt 18,20)*

Ich weiß nicht, ob der Gekreuzigte ausdrücklich und namentlich Thema sein muß, damit man seine Zugesellung erfährt. Seine Kreuzigung setzt sich ja fort, anonym. Er wird ja auch weiterhin gekreuzigt, hinter Drahtverhauen und in Gaskammern und im Saal der unheilbar Kranken, und da, wo Menschen verhungern, an allen Orten der Welt und womöglich nebenan.

Wenn sich im Gespräch von zweien oder dreien eben dieses Leid ausspricht, dieses Mit-Leid und dieses Mit-Gekreuzigtsein – Leid, das sich über all das Entsetzliche nicht hinwegtrösten läßt mit vordergründigen Argumenten –, wenn unser Miteinander-Sprechen Gespräch aus Hunger und Durst nach Gerechtigkeit ist, Gespräch vielleicht von Aufgewühlten, von Hadernden, am Sinn der Welt schier Verzweifelnden, den Sinn des Sinnlosen, aber Suchenden, so geschieht die Zugesellung. Die ist göttlich zugesagt. Entscheidend ist die Sache, um die es uns geht. Entscheidend ist seine Sache – und seine Sache ist die der Gerechtigkeit und Barmherzigkeit –, ob es uns

darum geht oder nur um uns selbst. Ist seine Sache im Spiel, im Gespräch, so geschieht die Zugesellung.

„Sie sprachen miteinander…
als sie so miteinander sprachen,
nahte sich ihnen Jesus."

„Ihre Augen aber waren gehalten, daß sie ihn nicht erkannten."

Wovon gehalten? Was will das sagen? Sie sahen nur irdische Zusammenhänge oder auch nur Zusammenhanglosigkeiten. Sie sahen das Viele, sie sahen nicht mehr das Eine, den Einen, der verborgen allem den Sinn gibt, der alles in den Sinn hinüberführt.

Was Jesus ihnen über sein Leiden vorausgesagt hatte, war vergessen, war verdrängt. Wie ein veschüttetes Saatkorn lag solches Wort unter den Trümmern des Gebäudes jener Reich-Gottes-Vorstellungen, von denen sie sich – in allem Miteinander mit ihm – nicht hatten trennen können. Ihr Glaube glich einem glimmenden Funken unter einem Aschenhaufen, sein Licht drang nicht mehr durch bis zum Auge. Und nur Glaube erkennt den Christus der Auferstehung. Nur Glaube weiß das neue Gebet.

Auffällig ist in dieser Frage des Herrn das Wort „im Wandern", genauer „im Umherwandern". Es scheint zunächst völlig überflüssig; warum es dasteht, wird deutlich, wenn man es zusammenbringt mit dem am Schluß zweimal wiederholten Wort vom Weg, auf dem die Jünger waren, als Jesus das Gespräch mit ihnen begann: „Brannte nicht unser Herz in uns, als er auf dem Weg mit uns redete", so sagen sie am Ende der Geschichte zueinander. „Und sie erzählten das auf dem Weg Erfahrene." Bevor der Fremde die Jünger anspricht, sind sie noch nicht auf dem Weg, sind ihre Worte wie ihr Wandern erst eine Suche nach ihm. Alles Gehen von Menschen ist ein zielloses Wandern, solange das Glaubenslicht fehlt; sobald sich aber dieses Licht zu schenken beginnt, ist der „Weg" beschritten: Die Unruhe des Umherwanderns mündet in die Ruhe des Weges ein, auf dem die Wahrheit erfahren und das Leben gewonnen wird.

„Er aber sprach zu ihnen: Was sind das für Reden, die ihr da im Wandern miteinander führt?"

„Da blieben sie stehen, gesenkten Blicks."

Sie sind gestellt. Sie hören auf, ziellos weiterzugehen, weil ein Wort sie trifft, das sie nötigt, in sich zu gehen. „Was sind das für Reden?" In dieser Frage war etwas, was sie richtete und zugleich rief, war Gericht über ihren Kleinglauben und Ruf nach ihrem Glauben. Bis dahin fragen sie, jetzt sind sie gefragt, von Gott. Das ist die entscheidende Zäsur, die sein muß, wenn der „Weg" beschritten werden soll, der Weg ins Beten und in die Erhörung.

Ein Wort trifft uns; irgendein Fremder sagt es, ein Zugesellter, wie zufällig. Gott bedient sich des Mundes, dessen er will. Wenn ein Wort von ihm kommt, wenn es uns sucht, so erweist es sich als lebendig, als wirksam, es fährt durch, es ist wie ein Schwert, es richtet die innersten Regungen und Gedanken des Herzens. Das „Brennen" hebt an, von dem die Jünger später sprechen – Brennen, das zunächst nichts als Schmerz ist, Schmerz innen, so daß er unserem im Draußen verhafteten Auge die Wende gibt, eben dorthin, wo es schmerzt, nach innen. Sie stehen still, beide. Sie hören auf, ziellos weiterzugehen, weil das Wort sie nötigt, in sich zu gehen. In dem Augenblick, wo die Augenlider sich senken und sich leise die Tür schließt vor dem Draußen einer nichts als „weltlichen" Welt, öffnet sich die verborgene Kammer, in der Gott sieht – die „Erleuchtung" kann beginnen.

Der Dialog Jesu mit den Jüngern hebt an, die nun von Schritt zu Schritt zunehmende Öffnung der Schrift und der Herzen.

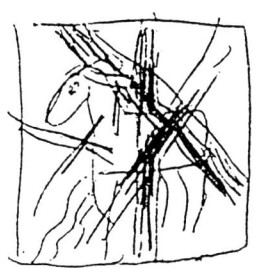

„Und von Moses und allen Propheten angefangen, erklärte er ihnen, was in allen Schriften über ihn geschrieben steht."

Es gibt eine geheimnisvolle Konsonanz des Mysteriums der Seele und der Schrift. Dieser Fremde, der den Schlüssel zur Schrift hat, hat ihn auch zur Seele. Der Mensch ist Offenheit für Gott, aber das vergißt er in der Angst, das verdrängt er im Kleinglauben und in der Selbstverschließung. Auf dem Weg nach Emmaus öffnet Jesus den Jüngern in einem einzigen Geschehen der Gnade die Schrift, das Herz und den Mund. Danach, im Brotbrechen, auch das Auge. Er hat den Schlüssel Davids. Er ist der Zugang zum Innersten Gottes und des Menschen.

Der Zusammenhang tut sich ihnen auf, nämlich der Schrift, der Welt und der Leiden. Alle Geschehnisse ordnen sich um ein glühendes Zentrum, um ihn, den Geopferten und Erhöhten, Licht fällt in ein Dunkel, das hoffnungslos schien. Entdeckung über Entdeckung.

In jedem Wort hängt die Schrift, hängt die Welt mit ihm und der sich in ihm eröffnenden Zukunft zusammen. Der Zusammenhang liegt nicht allein in einzelnen Schriftstellen, er ist überall gegenwärtig. Jesus legt den Jüngern aus, was in allen Schriften über ihn geschrieben steht. Und indem sie die Wege Gottes erkennen, sind sie auf dem „Weg" und kommen zum Ziel.

„Mußte nicht der Messias das leiden, um in seine Herrlichkeit einzugehen?"

„So kamen sie nahe an den Flecken, wohin sie gehen wollten."

Die fern waren durch Kleinglauben, sind nahegebracht durch Glauben.

„Und er schickte sich an,
als wolle er weiterwandern."

Er provoziert das Gebetswort. Noch bleibt die Situation schwebend: Alltäglichkeit, in der sich das Anwesen einer anderen Welt verbirgt. Noch ist der Fremde ein Fremder, wie zu Anfang, irgendein Wanderer, der seines Weges weitergeht, wenn die andern zu Hause ankommen.

Aber sie lassen ihn nicht weitergehen. Sie lassen nicht zu, daß er sich ihnen entzieht. Indem er sich anschickt, bringt er sie in Not. Und aus dieser Not nötigen sie ihn, indem sie sagen:

„Bleibe bei uns, denn es will Abend werden, und der Tag hat sich geneigt." *(Lk 24,29)* Diese Worte sind in der Schrift das erste Gebet, das die Kirche an den Auferstandenen richtet. Beten, das von sich selbst gar nicht weiß – Wort aus dem Alltag, aus einer Ergriffenheit, einem Dank, einer Freude und einer tiefen Sehnsucht und Sorge zugleich. Selten wurde ein schöneres gesprochen.

„Bleibe bei uns, denn es will Abend
werden, und der Tag hat sich geneigt."

„Bleibe bei uns, denn es will Abend
werden, und der Tag hat sich geneigt."

Wie sie ihre Bitte um sein Bleiben begründen, das sagt zugleich, wie es in ihrem Innern aussieht. Wenn er jetzt ginge, der ihr Herz brennen machte, das wäre am Ende das Erlöschen dieses Feuers, das Verglimmen des Lichtes, das wäre der Anbruch der Nacht, die da ist, wo er nicht ist.

Wenn Christus sich anschickt, von uns zu gehen, dann bricht die Finsternis ein: Nacht wird es, wo dieses Licht nicht mehr leuchtet.

„Doch sie nötigten ihn ...
Bleibe bei uns."

Was konnte ihn nötigen? Es war das Brennen des Herzens, das er selber hervorrief durch sein Wort, es war sein Geist in ihnen, es war der in der Liebe wirksam werdende Glaube, es war seine eigene Sehnsucht, Mahl mit ihnen zu halten, seine Sehnsucht in ihnen. Es war die Einmütigkeit ihrer Bitte um sein Bleiben. „Denn wenn zwei oder drei von euch auf Erden einmütig um etwas bitten, so wird es ihnen gegeben." *(Mt 18,19)*

Und es war ihre Offenheit für den Fremden, den Gast. Daß sie den Fremden in ihr Eigenstes einließen, in die Gemeinschaft des Tisches, des Lebens. „Ich war fremd, und ihr habt mich aufgenommen…" – „Kommet, ihr Gesegneten meines Vaters." *(Mt 25,34f.)* Emmaus – Erfüllung über Erfüllung.

„Das Himmelreich leidet Gewalt, und nur, die Gewalt brauchen, reißen es an sich." *(Mt 11,12)* Diese sanfte Gewalt, diese Macht in uns über ihn, die ihn nötigt, daß er bleibe, ist das eine Notwendige in dieser Weltstunde. An ihr hängt unser und der Welt Heil. Denn eine Nacht droht heraufzuziehen, die alle Spuren des Lichtes haßt.

„Da trat er ein, um bei ihnen zu bleiben. Und es geschah, während er mit ihnen zu Tisch lag, nahm er das Brot, sprach das Dankgebet, brach es und gab es ihnen. Da wurden ihre Augen aufgetan, und sie erkannten ihn."

Ihr Gebet wird auf der Stelle erhört. Wieder weist die Sprache des Evangeliums über das irdisch Faßbare der Stunde hinaus.

„Er trat ein …"

Von einem Haus, einem Raum, einer Schwelle ist keine Rede. Lukas braucht hier denselben Ausdruck wie in der Geschichte der Verkündigung an Maria, wo es heißt: „Der Engel trat bei ihr ein." *(Lk 1,28)*

In diesem Eintritt Jesu, „um zu bleiben", kündet sich die Einwohnung an, die seine in ihnen und die ihre in ihm durch Glauben – ihre Einbürgerung in die „Heilige Stadt".

„Er selbst aber verschwand vor
ihnen. Und sie sagten untereinander:
Brannte nicht unser Herz in uns, als
er mit uns redete und uns die Schrift
erschloß? Noch zu derselben Stunde
standen sie auf und kehrten nach
Jerusalem zurück."

Warum entzieht er sich ihrem Auge in dem Augenblick, da sie ihn erkennen? Weil diese Erkenntnis nicht länger notwendig macht, daß sie ihn in einer Faßbarkeit erfahren, die ihrem Vorstellungsvermögen angepaßt ist, weil diese Erkenntnis kein Vorübergang ist, sondern ein Innewerden, dem kein Entzug seiner selbst mehr folgt; denn ihre Augen sind aufgetan, das aber heißt: Sie glauben. Glauben heißt Christus im Auge haben, mit dem was einer denkt, redet, tut, lebt. Christen, die es wirklich geworden sind, haben andere Augen bekommen, eine andere Sicht, eine andere Absicht, eine andere Zuversicht.

Aber noch aus einem anderen Grunde entzieht er sich. Im Brotbrechen wird ein Schauen gewährt, das wie ein Hinüberschauen ist in die kommende Welt, ein Hintersichlassen des Status quo, fast als dürfe es und solle es schon hier das Verweilen im Ewigen geben. Aber eben dies ist nicht Gottes Plan mit seinen Christen. Das Feuer, das Christus in die Herzen der Jünger hineinwarf und -wirft, soll erst zum Lauffeuer werden, das brennende Herz soll erst ein ansteckendes werden. Die das Licht schauten, sollen selber erst Licht der Welt sein. – Der immer neue Aufschub des Verweilens im Schauen aber ist die immer neue und je größere Sehnsucht nach ihm.

Sie sollen nicht aufhören, dieses Antlitz zu suchen, das ihnen aufleuchtet und sich doch immer wieder entzieht, bis sie in diesem Suchen des göttlichen Angesichtes zur Ähnlichkeit mit ihm vollendet werden, da sie ihn „schauen, wie er ist" *(1 Joh 3,2)*.

Heinrich Spaemann

Der ureigene Zugang zur Kunst, die dienende Nähe zum Menschen und das hörende Deuten der Heiligen Schrift: dieser Dreiklang prägt Leben wie Werk Heinrich Spaemanns. 1903 geboren, arbeitet er zunächst als Kunsthistoriker. Nach dem frühen Tod seiner Frau wendet er sich dem Dienst in der Kirche zu. Seit 1942 begleitet er Theologen und Ordensgemeinschaften auf ihrem spirituellen Weg. Heinrich Spaemann ist heute Pfarrer an einem neurologisch-psychiatrischen Krankenhaus in Überlingen. In den letzten Jahrzehnten entsteht ein breites Spektrum von Veröffentlichungen. Zu seinen bekanntesten Büchern gehören „Orientierung am Kinde" und „Drei Marien".

Andreas Felger

In den „Emmaus-Zyklus" ist die ganze Erfahrung Andreas Felgers mit dem Holzschnitt eingeflossen. 1973 entdeckt er diese Technik für sich als persönliche Ausdrucksform. Einzelblätter nehmen die Landschaft der Schwäbischen Alb auf, an deren Fuß Andreas Felger 1935 geboren wurde, nähern sich dem Phänomen der Zeit und widmen sich Blumen. Seine Holzschnitt-Zyklen sind inspiriert von Landschaften, Kompositionen des zwanzigsten Jahrhunderts und biblischen Motiven: „Schöpfung", „Hoheslied", „Passion"... Neben der Linienführung gewinnt dabei die Farbe wachsende Bedeutung. Seit seinem Studium an der Kunstakademie München (1954–1959) aquarelliert Andreas Felger auch. Den jüngsten Schwerpunkt seines Schaffens bilden expressive Ölbilder mit leuchtenden Farben.

Impressum

CIP Titelaufnahme der Deutschen Bibliothek:
Spaemann, Heinrich:
Emmaus: ein Weg / Heinrich Spaemann;
Andreas Felger. –
Hünfelden-Gnadenthal: Präsenz, 1991
ISBN 3-87630-481-4
ISBN 3-87630-482-2 (Vorzugsausg.)
NE: Felger, Andreas [Ill.]

© 1991 Präsenz-Verlag, Gnadenthal,
D-6257 Hünfelden

Buchdesign:
Büro für Kommunikationsdesign,
Wolfram Heidenreich, Mainz
Foto Seite 47:
Achim Feld, Stuttgart
Satz:
Jung SatzCentrum, Lahnau
Reproduktion:
Scan-Repro H. Jaenecke, Hünfelden
Druck:
Grafische Werkstätte
der Gustav Werner Stiftung, Reutlingen
Buchbindearbeiten:
Realwerk G. Lachenmaier, Reutlingen
Printed in Germany

Zu diesem Bildband ist eine Dia-Serie „Emmaus – Ein Weg" mit sechs Farbdias im Präsenz-Verlag erschienen.

3-87630-481-4